AF296463

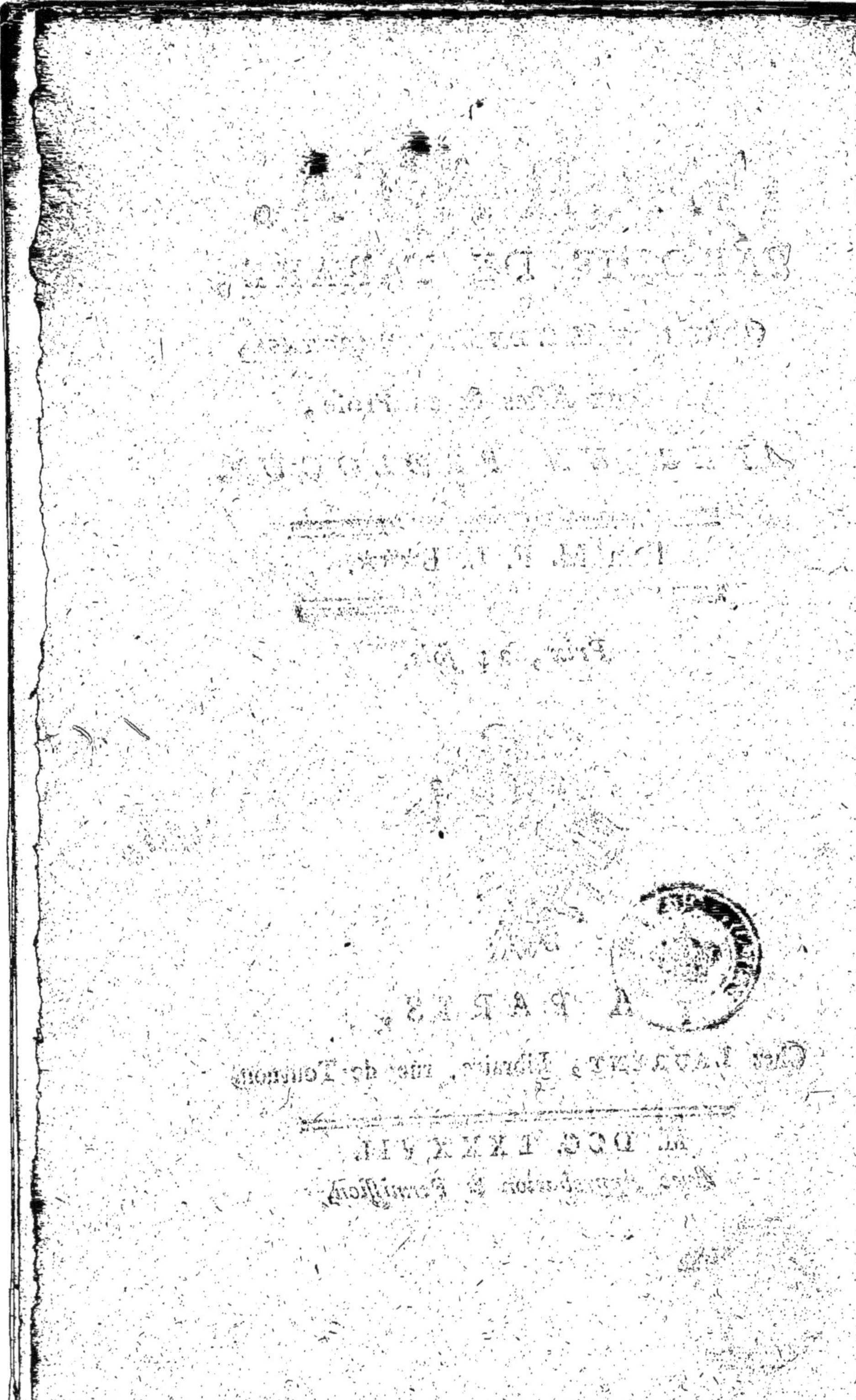

ERRATA,

PARODIE DE TARARE,

OPÉRA DE M. C. DE BEAUMARCHAIS,

En deux Actes & en Prose,

AVEC UN PROLOGUE.

Par M. F. L. B✶✶✶.

Prix, 24 sols.

À PARIS,

Chez LAURENT, Libraire, rue de Tournon.

M. DCC. LXXXVII.

Avec Approbation & Permission.

A QUI VOUDRA ME LIRE.

JE débute, Ami-Lecteur ; fois indulgent,
encourages-moi ; & je ferai de nouveaux
efforts pour te plaire. Mon Prologue est
long, je le fais ; mais fi j'avais eu l'ambition de me faire jouer, je l'aurais remis
fur le métier, & je t'affure qu'il aurait
fouffert de fortes incifions. A la lecture,
peut-être, & je l'efpère, il trouvera
grace devant toi. Au furplus, dis-moi
ton fentiment, fi tu es Partie capable,
je te promets d'en faire mon profit.

Je me difpenfe de t'entretenir de ma
Pièce, & de te dire des douceurs pour
t'engager à m'être favorable. Loin de
moi, flaterie humiliante ! Lis, Lecteur,
lis, & juges-moi ; fouviens-toi feulement

Que mon très-pauvre efprit est brut & fans culture ;
Qu'il ne doit rien à l'art, mais tout à la Nature.

TRÈS-COURTES RÉFLEXIONS
SUR LA PARODIE.

JE ne me diſſimule pas que ce genre d'ouvrage
meurt preſqu'en naiſſant, ſouvent même avant que
de naître, quand il manque des qualités qui lui ſont
propres. Mais n'y auroit-il pas moyen de le ren‑
dre plus utile, & de l'empêcher par-là de périr
auſſi promptement? Le ſujet le plus bas peut s'é‑
lever, s'il eſt traité par mains de Maître. Mon
ſentiment ſeroit donc que la Parodie devînt une
critique ſaine & lumineuſe de l'Ouvrage qui en
fournit le ſujet, & qu'elle ne tournât pas en
ridicule, comme on eſt dans le mauvais uſage de
le faire, les morceaux dignes de louanges. Car
comment diſtinguer le beau, s'il reçoit un égal
traitement que le médiocre & le mauvais? Pour‑
quoi faire la Guerre au génie, au lieu de lui rendre
des hommages & de l'encourager?

Mais, me diront les Eſclaves de l'uſage, la
forme des Parodies a reçu ſa ſanction du Public;
& bonne ou mauvaiſe, une Pièce qui fait du
bruit doit être parodiée. Je ſais que le tems con‑
ſacre quelquefois les choſes les plus abſurdes:
néanmoins, quand on démontre clairement aux
hommes les défauts de l'Idole qu'ils encenſent,

ils la brisent, & se laissent diriger par la Raison.

Le Public abjurerait bientôt l'amour qu'il a pour la forme de la Parodie actuelle, si des hommes de mérite la voulaient faire sortir de son obscurité. Je crois, sans pourtant l'assurer, qu'il est impossible de faire une bonne Parodie, tant qu'elle sera traitée comme fond principal, & non comme accessoire. On court à ces sortes de productions, dans l'idée que l'Auteur y fera rire fort & long-tems ; & il me paraît impraticable de donner, à cet égard, satisfaction au Public. L'Auteur, en se traînant servilement sur les idées du sujet qu'il parodie, ne peut être que froid, sans vigueur & sans intérêt.

Une autre cause me paraît être, sur-tout, celle du peu de réussite des Parodies : la majeure partie de ceux devant qui on les représente, ne connaît pas les ouvrages qui en font la base ; & ceux qui les ont ou vus, ou lus, oublient, la plupart, les endroits sur lesquels la critique s'appesantit ; ce qui rend nuls & sans effets les morceaux les plus saillans.

Pour éviter ces inconvéniens, il faudrait, je pense, prendre le parti de rendre la Parodie simple épisode d'une Pièce ; celle-ci serait composée sur un sujet léger & bouffon, & servirait de cadre aux scènes épisodiques, qui seraient amenées naturellement & sans efforts ; l'Auteur

étant le créateur du fond & de l'intrigue de son
ouvrage, pourrait le manier à son gré, & lui
donner tout l'intérêt dont il ferait fufceptible :
alors on aurait lieu d'efpérer d'amufer & celui
qui connaîtrait l'ouvrage parodié, & celui qui
l'ignorerait.

Mais, je le répéterai fans ceffe, une critique
douce & aimable doit être la bafe de ces fortes
d'ouvrages ; &, comme je viens de le dire, elle
doit refpecter ce qu'a produit le génie, & ne
frapper que fur ce qui porte atteinte à la raifon
& au bon goût : tout le monde y gagnerait.
Les Auteurs y trouveraient le tableau de leurs
fautes, dont ils pourraient tirer avantage, & le
Public s'inftruirait en s'amufant.

Je demande grace, fi au précepte je n'ai pas
joint l'exemple ; mais, en confcience, fuis-je
tourné à me permettre une innovation femblable ?

A L'AUTEUR DE TARARE.

Tous les hommes font frères ; ce principe
eft puifé dans la nature : ainfi le plus petit a
le droit de parler au plus grand, fans que celui-ci puiffe s'en offenfer. J'ofe donc elever ma
voix jufqu'à vous, cher Auteur de Tarare ; je

vous en préviens. A côté de vous , je suis un infiniment petit ; mais duffiez-vous, comme un autre Micromégas , me mettre fur votre ongle , & vous fervir d'un microfcope de cent foixante pieds de diamètre pour m'appercevoir , j'exige de vous , comme mon frère de nature , que vous prêtiez l'oreille un moment à ce que je vais dire. Je commence par un récit.

Je me promenais aux Tuileries il y a quelques jours ; deux perfonnages qui s'entretenaient enfemble , fixèrent mon attention. L'un , par fa ftature coloffale , l'air vénérable , noble & impofant de fa phyfionomie ; l'autre , par fon vieil acoutrement noir , qui n'annonçait rien moins que l'opulence , & fur-tout par fon maintien humble & refpectueux , qui défignait une grande diftance entre le grand homme & lui. Je me tapis contre un arbre , de manière à pouvoir les entendre fans être apperçu.

Voici comme s'exprima l'homme noir.

Dites-moi , de grace , grand Perfonnage , quelquefois un peu févère , mais toujours jufte , ne ferait-il pas plus décent & plus raifonnable que les hommes fe repofaffent fur votre équité , du foin de les apprécier ce qu'ils valent , que de careffer eux-mêmes leur amour-propre , en exaltant le mérite de ce qu'ils ont fait ; comme , par exemple , de vous dire inconfidérément : Je pré-

pare pour vos plaifirs un ouvrage qui fera vos
délices ; vous n'avez jamais rien vu de pareil ; il
fallait un génie auffi fécond que le mien , pour
produire un femblable chef-d'œuvre ; il ne craint
ni la cabale , ni les croaffemens de la critique ;
il bravera tout , il écrafera tout ?

L'Être plus grand que nature fourit à cette
queftion , & répondit par ces mots de l'Evan-
gile : *qui s'élève fera abaiffé.* Celui qui s'ap-
précie lui-même , continua-t-il avec févérité, eft
un aveugle imprudent , qui , voulant marcher fans
guide , s'écarte du beau chemin , & va fe jetter
dans un précipice , où , infailliblement , il périt.
Je fuis le Juge-né des hommes , quel que foit
leur naiffance & leur rang ; & quoi qu'ils faffent,
c'eft moi qui leur marque la place qu'ils doivent
occuper dans les faftes de la poftérité. On ne
m'en impofe jamais impunément , & c'eft bien
en vain qu'on cache fes larcins , & qu'on affure
avoir créé ce qu'on a copié : je dévoile tout.... Des
promeneurs indifcrets s'étant approchés, le dia-
logue finit , à mon grand regret , & les deux in-
terlocuteurs fe féparèrent.

Cette fingulière converfation m'étonna beaucoup. J'avais remarqué un homme adoffé à l'arbre voifin du mien , qui , comme moi , m'avait
paru prêter l'oreille à ce qui venait de fe paffer ;
je l'abordai , & le priai , fi cela lui était pof-

fible , de satisfaire ma curiosité sur ces deux Personnages.

Comment , me dit-il ! vous n'avez pas reconnu le Public à sa taille majestueuse , qui indique combien il est au-dessus d'un mortel ? Les rides qui sillonnent son front , & ses cheveux blancs , disent assez qu'il est aussi vieux que le Monde. L'homme noir , habillé un peu trop philosophiquement , est un Auteur d'un mérite distingué , dont la modestie & le bon esprit , le portent à prendre conseil du Public sur ses moindres ouvrages.

Je remerciai mon homme , & me retirai.

Je tenais justement votre grand Tarare dans mes mains ; il me vint tout-à-coup l'idée que voici : puisque l'homme habillé à la Philosophe , me suis-je dit , a osé proposer des questions à l'Oracle du goût , malgré l'immense distance qui semble les séparer , hasardons , de dénoncer à l'Auteur même de Tarare mes remarques sur son Poëme , & prions-le d'être son propre Juge. Ce n'est point une critique ; ce sont de simples observations , que je soumettrai à la lumière étincelante de son savoir; il ne pourra raisonnablement prendre de l'humeur contre moi : car l'éléphant daigna-t-il jamais abaisser ses regards jusqu'à la fourmi ? Je rentrai chez moi ; je pris la plume , & je commençai ainsi ma dénonciation.

J'estime , très-cher Auteur de Tarare , sauf votre avis , que vous n'auriez pas dû entretenir le Public aussi long-tems de vous-même , en tête de la dernière édition de votre Opéra , sur-tout pour en faire l'éloge , & donner à entendre qu'il approcherait de bien près des productions immortelles des Grecs. Tout le monde a été vous voir avec cette grande idée ; & votre Poëme lyrique , eût-il été meilleur que ceux du célèbre Quinault , il aurait fallu du tems pour qu'on lui rendît justice , tant les choses trop vantées perdent de leur prix.

Mon sentiment est que vous auriez fait sagement de dire naïvement au Public : L'ouvrage que je vous offre , est une copie très-littérale d'un Conte Arabe, de la Bibliothèque-bleue Anglaise ; j'ai cru en trouver le sujet propre au Théatre lyrique , & j'ai hasardé d'en composer un Poëme qui présentât au Musicien des situations, au Compositeur des Balets , de grands moyens , & au Décorateur une vaste carrière , où il pût offrir à vos yeux les merveilles de la Peinture réunies avec celles de la Méchanique : voilà tout ce que j'avais en vue ; si j'ai réussi , je suis satisfait , puisque je ne prétends rien de plus. Cet aveu, rempli de candeur & de sincérité , vous eût concilié tous les suffrages.

Si cependant vous aviez la noble ambition de

vous élever à la hauteur fublime de ces Grecs,
nos maîtres & nos modèles, vous auriez dû, je
crois, commencer par les approfondir, vous
pénétrer de leur génie, & vous affervir fcrupu-
leufement aux règles qu'ils nous ont tranfmifes,
fans lefquelles tout ouvrage dramatique n'aura
ni mérite, ni vérité. Je connais un ouvrage qui
vous aurait beaucoup aidé dans votre grand def-
fein ; permettez que j'en tranfcrive ici un court
fragment.

« Les Grecs n'ont jamais confondu les genres
» au Théatre ; l'Amour eft prefque toujours banni
» de leurs Tragédies ; & excepté l'Hyppolite
» d'Euripide, il n'agit aucunement dans les au-
» tres. Un fpectacle qui n'eût roulé que fur des
» intrigues d'amour, les eût révoltés. On n'ex-
» pofait fur le Théatre les malheurs & les crimes
» de l'humanité, que pour rendre les hommes
» plus fages & plus vertueux. Les événemens
» étaient toujours amenés naturellement, & le
» vrai même n'était pas mis en ufage, s'il n'était
» pas vraifemblable. Comme les Spectacles in-
» fluaient fur l'éducation de la jeuneffe, il fal-
» lait que les mœurs de la Tragédie fuffent un
» enfeignement perpétuel de tous les devoirs,
» fans mélange de paffions funeftes à l'honneur
» & à l'innocence. La danfe qu'ils ont introduite
» dans les Chœurs, repréfentait des mouvemens

» animés , dont l'expreſſion muette fecondait
» admirablement l'action théatrale , & donnait
» de nouveaux reſſorts à la terreur & à la pitié ».

Je ne ſuis pas Poëte , & je ne me connais
même pas en Poéſie ; je ſais ſeulement que Boileau
a dit qu'il fallait que la rime & la raiſon y ſoient
intimément unies. Je vous l'avoue (pardonnez
ma franchiſe), j'ai trouvé dans votre Opéra bien
fréquemment guerre ouverte entre la raiſon &
la rime. Je puis cependant me tromper. Revoyez
vous-même votre ouvrage ; non avec les yeux
d'un pere, mais avec la douce ſévérité d'un ami.

J'ai toujours penſé que dans les ouvrages , même
les plus élevés, la belle ſimplicité devait être pré-
férée au faux brillant , qui tient immanquable-
ment du gigantefque & de l'ampoulé. Si mon
opinion n'eſt pas fauſſe , permettez – moi cette
dernière obſervation. La maxime de votre Pièce
eſt exprimée par ces vers ;

> Mortel , qui que tu ſois , Prince , Brame ou Soldat ;
>
> Homme ! ta grandeur ſur la terre ,
>
> N'appartient pas à ton état ;
>
> Elle eſt toute à ton caractère.

Ces grands mots m'ont ébloui ; & , vous le
dirai-je ? ſoit que j'aie la conception pénible, ou
qu'il y ait de l'embarras dans votre idée, j'ai

eu befoin d'y réfléchir pour la comprendre ; & c'eft avec étonnement que j'ai découvert que ce fracas de mots , qui s'entrechoquent , ne renferment que cette penfée , fi noble , fi vraie & fi énergique :

L'homme n'eft grand que par fes vertus.

Comme , fi je continuais , je me trouverais Plagiaire de ma propre Pièce , permettez que je vous y renvoie ; & , quelle que foit l'impref-fion que vous caufe ma témérité , je vous jure que vous ferez toujours Micromégas pour moi.

PERSONNAGES DU PROLOGUE.

LA RAISON.

LA FOLIE.

La Scène est à Paris, sur le Théatre.

PROLOGUE.

SCENE I.

LA RAISON ET LA FOLIE.

LA RAISON, *en désordre, fatiguée & chagrine.*

GRACE, Madame la Folie, laissez-moi, je vous en conjure, reprendre haleine.

LA FOLIE, *toujours légèrement.*

Cela est impossible, Madame la Raison, mon dessein est de vous poursuivre si long-tems, que je vous forcerai enfin à quitter ce bas monde, à moins que vous ne consentiez à vous unir avec moi.

LA RAISON.

Cruelle ! votre empire n'est-il pas assez étendu ? Vous régnez sur le globe entier ; & moi, fugitive & méconnue, je n'y puis trouver le plus chétif asyle. Permettez, de grace, que je m'arrête ici un moment.

PROLOGUE.

LA FOLIE.

Vous prenez mal & le tems, & le lieu:
comment! la Raison s'arrêter en France! à Paris, & sur le Théatre encore! cela seroit nou-
veau : depuis des siecles, on vous croit remon-
tée dans l'Olympe.

LA RAISON.

Hélas! que les Dieux ne m'ont-ils ôté le fatal
présent de l'immortalité, ou que n'ont-ils rendus
les hommes plus dociles à mes sages leçons!

LA FOLIE.

Vos malheurs sont votre ouvrage ; il fallait
traiter les hommes en enfans, les caresser &
jouer avec eux en les instruisant ; mais votre ton
froid & rigide, votre morale austère & sérieuse,
les ont effrayés.

LA RAISON.

Dites-moi, Déesse indiscrette & légère, quel
est votre secret, pour vous soumettre tous les
cœurs ?

LA FOLIE.

Il est simple ; j'ai mis à mon bord les femmes & les petits-maîtres ; & puis je gouverne
les mortels avec un sceptre de fleurs ; le vôtre,
vous le savez, est hérissé de ronces & d'épines.

LA RAISON.

Pour un instant de plaisir, que de pleurs ils
se préparent !

LA

LA FOLIE.

Cela arrive quelquefois; mais comme la vie est courte, on aime a jouir, & on dévore le plaisir. Ecoutez, Madame la fermonneufe, je veux à mon tour vous moralifer : vous fouvenez-vous de ce tems, où les mortels étaient fimples & fans art comme la nature, de ce tems où les cuifiniers étaient auffi peu connus que les carroffes, les phaétons, les bonnets au Ballon & à la Tararé; de ce tems enfin, où un lit de gazon tenait lieu d'un lit de duvet?

LA RAISON.

Il eft bien loin cet heureux tems ! pourquoi le rappeller à ma mémoire?

LA FOLIE.

Pour vous faire reffouvenir que dans ce fiècle d'or, nous vivions, quoique femmes, affez bien enfemble; les extrêmes de nos caractères fe modifiaient l'un par l'autre, vous aviez donné aux hommes, tout jufte l'inftinct qu'il leur falloit pour attraper des lièvres, des lapins & des marcaffins, & pour fe défendre contre les loups-garoux; & moi, quand ils avaient bien mangé & bien roupillé, je m'amufais à jouer aux barres avec eux.

LA RAISON, *impatiente.*

De grace, finiffez.

B

LA FOLIE.

Patience. Ecoutez vos hauts faits. Les chofes allaient trop bien pour durer toujours ; vous fîtes trop peu de cas de moi, & vous voulûtes étendre votre empire aux dépens du mien.

LA RAISON, *fâchée.*

Comment ofez-vous.....:

LA FOLIE.

Vous vous défendrez après ; mais laiffez-moi pourfuivre. Je veux, difiez-vous, éclairer les hommes de mon immortel flambeau. Ils font nés pour régner fur tout ce qui refpire ; arrachons-les des forêts où ils font épars, & réuniffons-les. Je vous laiffai faire ; vous favez qui de nous deux a gagné à cet arrangement : on a déferté vos autels, & un encens continuel brûle fur les miens.

LA RAISON.

Mais à quoi bon cet affommant verbiage ?

LA FOLIE.

A vous prouver clair comme le jour, que les hommes n'aiment point la Raifon toute nue. Les Français, fur-tout, ne fouffrent la Morale que par ma bouche. Avec moi, on vous aimera par-tout ; fans moi, vous ferez honnie & chaffée.

LA RAISON.

Quel excès d'orgueil !

LA FOLIE.

L'expérience est pour moi ; c'est inutilement que vous jetterez les hauts cris ; le son de mes grelots aura toujours le dessus. Parcourez le globe tant qu'il vous plaira ; vous avez beau courir, vous avez *Beau marcher, Caron,* pour une ombre de bon sens, en passera mille chez Pluton qui ne vous auront jamais connue.

LA RAISON, *d'un ton de mépris.*

Tarare !

LA FOLIE.

Vous voilà toujours. Du dédain, de la pitié même : c'est de quoi vous gratifiez sans cesse tout ce que je dis. Mais je ne me décourage point. Méchante, unissez-vous à moi ; nous ferons des miracles.

LA RAISON.

Non, les hommes abusent de tout, & je crains de me perdre avec vous.

LA FOLIE.

Intraitable femelle, vous avez donc oublié les merveilles que nous opérâmes le siècle dernier par notre réunion ? Moliere ! la Fontaine ! grands hommes ! ornemens de la Nature humaine ! mortels favorisés des Dieux ! si vous êtes devenus les Idoles du monde, c'est à la Folie & à la Raison réunies, que vous devez les

places éminentes que vous occupez au Temple
de l'Immortalité.

LA RAISON.

Vous-vous encensez assez joliment.

LA FOLIE.

Et Carlin, l'inimitable Carlin, n'allez-vous pas
dire aussi qu'il ne devait pas à moi, aussi-bien
qu'à vous, cette rare imitation de la Nature,
ce tact fin & délicat qui lui faisait si adroitement
cacher sous les fleurs de la gaieté, la Morale
la plus pure & la plus douce ?

LA RAISON, *en soupirant.*

Vous me rappellez mon plus cher favori.
C'était aussi celui des Graces. Sa mort m'a bien
fait pleurer.

LA FOLIE, *un peu attendrie.*

Elle en fait pleurer bien d'autres.

LA RAISON, *douloureusement.*

Hélas ! quand je jette les yeux sur le Théatre,
la douleur & la pitié me suffoquent . . . . .

LA FOLIE.

Doucement, s'il vous plaît. Vous ignorez,
sans doute, que je viens de composer un chef-
d'œuvre digne des Grecs.

LA RAISON.

Tarare !

LA FOLIE.

Vous croyez tout favoir , & vous ne favez
rien. Vous penfez me perfiffler avec votre ex-
preffion favorite , Tarare ! Tarare ! Sachez que
ce n'eft plus la mode , & que ce mot eft de-
venu , par efprit de contradiction & *de coquet-*
terie , le nom d'un Afiatique , fujet d'un Roi
très-lâche , très-méchant , & fort bête.

LA RAISON, *en colère.*

Tarare ! mille fois Tarare !

LA FOLIE.

(*à part.*) Elle eft vieille ; laiffons-la radoter.
(*haut.*) Je vous difais donc que je viens de
mettre au Théatre une Pièce divine ; elle eft
nerveufe & fortement intriguée. Entre nous ,
ce n'eft ni une Tragédie , ni un Poëme lyrique ,
ni un Drame , ni une Comédie.

LA RAISON.

Qu'eft-ce donc ?

LA FOLIE.

C'eft la réunion de tous les genres.

LA RAISON, *fouriant.*

Un tel ouvrage doit parfaitement reffembler
au coftume d'Arlequin.

LA FOLIE, *avec un orgueil fatisfait.*

Admirez la hardieffe de mon génie : au lieu
de m'affervir , comme les Grecs , à la règle , trop

commune & trop gênante, des trois unités, je l'ai noblement violée, & je me suis tracé une route toute nouvelle.

LA RAISON, *avec pitié.*

Quelle route ! (*à part.*) Dieu du Goût ! Dieu du Goût ! pourquoi fouffrez-vous ce fanglant outrage ?

LA RAISON.

Mon ancienne camarade, je vous laifferai repofer ce jour tout entier, fi vous confentez à votre tour que je faffe devant vous la répétition de ma production immortelle.

LA RAISON.

(*à part.*) Profitons de cette occafion pour prendre un peu de repos. (*haut.*) Si je vous refufais, vous me traiteriez mal : je me rends donc à vos defirs, mais à condition que vous permettrez la critique.

LA FOLIE, *hardiment.*

Très-volontiers, je vous affure. Le Mont-Etna craint-il la fureur des vents & de l'orage ? Mais il faut bien vous cacher ; car fi on vous favait ici, les Parifiens vous pourfuivraient à coups de Marotte. Pour ne point abufer de votre complaifance, je vais, trop digne fille de Minerve, vous faire grace de la répétition du Prologue, en vous en donnant moi-même l'idée.

LA RAISON.

Je n'aime point les mots inutiles ; ainsi, vivement & intelligiblement, si vous voulez bien.

LA FOLIE.

Je vous promets que vous allez être étonnée d'un pareil effort d'imagination.

LA RAISON.

Ce qui vient de la Folie n'étonne jamais ; on y est tout préparé.

LA FOLIE.

L'ouverture se fait par une Magicienne, à qui il prend envie de créer quelques êtres nouveaux pour les jetter sur la terre, à l'aventure, & observer ensuite ce qu'ils deviendront : ce sont ces mêmes êtres-là qui figureront dans ma Pièce.

LA RAISON, *impatiente.*

Mais..........

LA FOLIE.

Laissez-moi donc continuer. La Magicienne, pour consommer son grand œuvre, tourmente un peu les Elémens ; & après les avoir éloignés d'elle par la vertu de paroles mystérieuses, elle conjure les atomes dispersés dans les airs, de se rassembler, & de former des Ombres humaines qui paraissent soudainement devant elle.

LA RAISON.

Comme vous brufquez le plus bel ouvrage de la Nature !

LA FOLIE.

Ces nouveaux êtres font d'abord étonnés de leurs formes ; l'inquiétude & la crainte les tourmentent.

LA RAISON.

Ont-ils l'âge de l'innocence , ou celui de la maturité ? S'ils font enfans , leur fort doit peu les inquiéter ; & s'ils font des hommes , vous avez fait un contre-fens.

LA FOLIE.

De grace , laiffez-moi achever. Mes Ombres font fous la forme d'hommes raifonnables. La Magicienne , pour s'affurer de leur caractère & de leur inclination , leur fait des queftions. Elle demande , par exemple , à deux Ombres , *qui d'elles veut être Roi* ; à une troifième , *fi elle defire d'être belle* ; à une autre. . . . .

LA RAISON, *irritée.*

Arrêtez , barbare ; vous m'affaffinez. Comment , des Ombres qui n'ont jamais exifté fur la terre , qui , conféquemment , n'en connaiffent ni les loix , ni les ufages , vous ofez leur faire fubir un interrogatoire aussi extravagant ? Elles sont sans idées, sans expérience.

LA FOLIE.

Sur leurs réponses, ma Magicienne leur assigne le rang qu'elles occuperont sur la terre ; & après avoir donné des noms au plus grand nombre, elle ordonne à la Nature de les couvrir d'une humaine enveloppe, & de les envoyer paître sur ce Globe, dans le beau pays de Caux.

LA RAISON.

Tous ces êtres-là doivent être de nouveaux-nés, au premier Acte de votre Pièce.

LA FOLIE, *avec un air de triomphe.*

Voilà où se perdent les petits génies. Mais rien ne m'embarrasse, moi ; une fois ma création finie, je compte les minutes pour des années, & je fais écouler *quarante ans* en quarante minutes ; de sorte qu'à l'ouverture de ma Pièce, mes ombres se trouvent au Royaume d'Yvetot toutes raisonnables.

LA RAISON, *levant les épaules.*

Quelle imagination folle & déréglée ! Tous vos Personnages se trouvent, par cet arrangement bizarre, avoir le même âge ; c'est-à-dire, *deux fois vingt ans.*

LA FOLIE, *embarraffée.*

Dieux ! que de pointilleries ! Permettez que je n'y réponde pas. (*à part.*) Cela me ferait un peu difficile.

LA RAISON.

Et la fcène de ce fameux Prologue, où la pla-cez-vous ?

LA FOLIE, *embarraffée.*

(*à part.*) Pour le coup, je fuis prife. (*haut.*) Ma foi, je l'avoue, j'ai oublié net de l'indiquer. Au refte, cela m'aurait été bien diffi-cile ; car, comment deviner l'endroit où la Nature a moulé les humains pour la première fois ?

LA RAISON.

Sans doute que vous honorez cet étonnant Prologue du tendre attachement d'un père, & que vous le regardez auffi comme un chef-d'œuvre ?

LA FOLIE, *avec fatisfaction.*

Oui, vraiment : je dois même vous dire qu'il m'eft plus cher que la Pièce, en ce qu'il eft en-tiérement de mon imagination.

LA RAISON, *ironiquement.*

Je vous en félicite.

LA FOLIE.

Je fuis trop fincère, pour vous en dire autant de la pièce. Dans un voyage que je fis en Angleterre, & qui avait pour motif, vous le favez, d'infpirer Sakefpear, dans fes Tragédies, j'en trouvai l'idée dans un fale bouquin, qu'une nourrice lifait à fon poupon, pour lui tenir lieu de hochet.

LA RAISON.

Pourquoi aller chercher fi loin, tandis....

LA FOLIE.

J'ai mes raifons. Je ne dirai pas ma fupercherie au Public, & on croira....

LA RAISON.

J'entends; on vous fera honneur de l'invention. Vous fondez-là votre réputation fur une bafe bien fragile; craignez l'œil perçant des Journaliftes.

LA FOLIE.

Je leur défie de déterrer mon bouquin, à moins qu'ils ne furetent dans toutes les cuifines Anglaifes.

LA RAISON.

Je connais un Critique, dont la profonde érudition pourrait bien vous enlever, fans bruit, la

grande renommée que vous attendez d'un ouvrage où vous n'avez rien inventé....

LA FOLIE, *vivement & fiérement.*

Un moment, s'il vous plaît ; comptez-vous
pour rien l'arrangement & la divifion des Actes ?
N'eft-ce pas moi qui ai parfemé les Scènes de
Pointes & de Calambours ? Qui ai donné l'idée
des Décorations, des Danfes, & qui, enfin, ai
ofé le premier porter fur la Scène-Françaife, *un
de ces grands & fuperbes Spectacles, fi vantés
chez les Grecs ?*

LA RAISON, *avec indignation.*

Arrêtez ! vous blafphêmez, digne élève de
l'extravagance ; faites amende-honorable à ces di-
vins Génies, l'ornement de la Grèce & du monde.
Malheureufe ! vous êtes affez impudente pour
comparer vos productions monftrueufes, aux
chefs-d'œuvres immortels de ces demi-Dieux ! Je
romps la trève que vous m'aviez accordée, & je
me fauve chez les Hurons. (*elle fort en courant.*)

LA FOLIE, *feule au Public.*

Je ne la crois point; c'eft chez vous, Meffieurs,
qu'elle va fe réfugier. Agréez donc l'offrande que
je voulais lui faire. C'eft mon effai. La faibleffe

& la timidité ont befoin d'encouragement : fur-
tout n'oubliez pas que c'eft l'ouvrage de la
Folie.

Fin du Prologue.

PERSONNAGES

DE LA PARODIE.

ATTILA, Roi d'Yvetot.

ERRATA, Intrépide Chaſſeur.

SOPHIE, Epouſe d'Errata.

L'ENRHUMÉ, Berger.

BIRIBI, Eunuque noir, attaché à Attila.

DROLETTE, Femme de Biribi.

Un Domeſtique du Roi.

Cauchois & Cauchoiſes.

La Scène eſt dans le Palais du Roi d'Yvetot.

E R R A T A,

PARODIE DE TARARE,

OPÉRA DE M. C. DE BEAUMARCHAIS

En deux Actes & en Prose.

S C E N E I.

ATTILA, BIRIBI.

ATTILA, *chagrin.*

MALGRÉ mon humeur bilieuse & noire,
tu m'as quelquefois fait rire, Biribi ; mais j'en-
rageais après d'être sorti de mon caractère. Sois
donc plus circonspect & plus soumis à mes volontés.

BIRIBI.

Je vous ai confié, Seigneur, l'état déplora-

ble où le Grand Seigneur a réduit mon indi-
vidu. Si vous voulez m'empêcher de parler,
comme il m'a ôté les moyens d'agir, faites-moi
supprimer, ô Roi d'Yvetot, cette langue mau-
dite qui me fait la loi.

ATTILA.

Je te défends de t'intéresser davantage pour
Errata, ce vil chasseur, dont le nom seul me
donne la colique.

BIRIBI.

Cependant votre Empire retentit de ses louanges.

ATTILA.

Et voilà ce qui blesse mes oreilles & mon
cœur. Je veux le perdre & le punir du bonheur & de la tranquillité dont il jouit. Errata !
Ce mot m'enhardit dans mon dessein. Le Ciel
semble m'annoncer qu'il a fait erreur en le
formant. Je vais donc le faire rentrer dans le
néant dont il n'aurait jamais dû sortir.

BIRIBI.

Dussiez-vous vous mettre en fureur, comme
cela vous arrive assez souvent, il faut, Grand
Roi du pays de Caux, que je vous dise que
l'ingratitude est une vilaine chose: Cet Errata,
ce vil Chasseur, a purgé vos Etats des ours
& des loups, qui les ravageaient; sans lui, vos
moutons & vos dindons seraient devenus leur
proie,

proie, & peut-être même, vous auraient-ils
affiégé dans votre propre Palais.

ATTILA.

*Qui fait plus qu'il ne doit, ne fait pas me
fervir.*

BIRIBI.

Quoi ! vous oubliéz qu'il vous a fauvé de la
gueule d'un gros vilain Ours, qui fe difpofait
à happer votre Perfonne facrée ?

ATTILA.

Puifque tu m'en parles, je m'en fouviens ;
je lui dois trop, & cela me choque ; la haine
a pris dans mon cœur la place de la recon-
naiffance.

BIRIBI.

Quel travers ridicule que la jaloufie ! laiffez
ce brave homme cultiver tranquillement fes
choux & fes oignons, & glorifiez-vous d'un
Sujet qui ne penfe pas plus aux procès que s'il
n'était pas Normand.

ATTILA.

Tu ne fais donc pas, Biribi, que ma defti-
née me force d'être *méchant & barbare fans
raifon* ? C'eft la faute de celui qui a formé
mon caractère ; je ne fais pas où diable il
avait la tête !

BIRIBI.

Il était fou, ou *il avait mauvais cœur.*

C

ATTILA.

Voilà assez de morale, & je n'en veux plus ;
le destin me fait la loi , & *mon Précepteur*
sera responsable du mal que je vais faire.

BIRIBI.

Grace pour Errata.

ATTILA, *irrité.*

Tais-toi, ou je te fais *empaler.*

BIRIBI.

Vous voulez dire *pendre*; car *empaler* est
un supplice de Turquie.

ATTILA, *courroucé.*

Rends grace à ta bassesse ; mais écoute le
début des malheurs que je prépare à ton pro-
tégé.

BIRIBI, [*à part.*]

J'en ferai mon profit. Qu'il est bete !

ATTILA.

J'ai su qu'il a pour compagne une Cau-
choise, jeune & jolie, qu'il aime, & dont il
est aimé ; j'ai formé le dessein *de troubler* cette
union si douce, en lui *ravissant* l'objet de ses
amours.

BIRIBI.

Quelle barbarie !

ATTILA.

*Pour moi ce n'est qu'une bagatelle. J'ambi-
tionne la célébrité, n'importe à quel prix?*

B I R I B I.

Cartouche & Mandrin raifonnaient ainfi.

A T T I L A.

Errata a dû faire une abfence, & c'eft pendant ce temps qu'on aura exécuté mes volontés ; l'Enrhumé, fils du Berger, eft celui que j'ai honoré de cette commiffion ; il devrait déjà être de retour.

B I R I B I, *indigné.*

Vous êtes un méchant, cherchez un autre qui vous amufe quand vous baillez. J'aimerais mieux être le cheval de pofte du Roi de Congo, que le confident du Roi d'Yvetôt. Mais voici le digne miniftre de vos cruautés.

S C E N E I I.

ATTILA, BIRIBI, L'ENRHUMÉ.

A T T I L A.

M'AMENES-TU la Grifette, l'Enrhumé ?

L'E N R H U M É.

Oui, Seigneur. Elle eft réellement gentille : de grands yeux bleus, bouche vermeille, dents d'yvoire, peau de fatin blanc ; ah ! fi vous n'étiez pas mon Maître.....

A T T I L A.

Qu'en as-tu fait ?

L'ENRHUMÉ.

Je l'ai dépofée avec mes moutons, Seigneur,
en attendant vos ordres : mais, je vous en aver-
tis, elle pleure, comme un enfant, fon cher
Errata.

ATTILA.

Tant mieux : as-tu bien mis le défordre dans
la maifon ? tout renverfé, tout culbuté ?

L'ENRHUMÉ.

Jamais volonté ne fut mieux remplie ; Errata, à fon retour, aura cru que le diable y a
paffé.

BIRIBI, *avec indignation.*

Il ne fe fera pas beaucoup trompé, flatteur
déteftable : que j'aurais eu de plaifir fi Errata
était rentré fubitement, & qu'à bons coups de
bâton il t'ait bien étrillé ; mais cela ne te peux
échapper ; le crime reçoit tôt ou tard fon fa-
laire.

ATTILA, *noblement.*

Qui remplit mes volontés, n'eft jamais crimi-
nel ; & pour récompenfer ton zèle, l'Enrhumé,
je te fais mon Echanfon.

L'ENRHUMÉ.

Ah ! Seigneur !

ATTILA.

(*à l'Enrhumé*). Va chercher la belle éplo-
rée. (*à Biribi*). Et toi, cenfeur hardi d'un

Maître trop patient, prépare à Sophie, une belle chambre à coucher, dans le donjon parallèle au mien ; qu'elle y foit fervie en Reine ; que le cidre lui foit verfé à grands flots, afin qu'elle fache qu'elle eft chez un Roi de Normandie, Souverain des pommes & des pommiers. (*l'Enrhumé fort*).

SCENE III.

ATTILA, BIRIBI.

ATTILA, *avec fatisfaction.*

Enfin, Errata va éprouver les coups du malheur! *jamais je ne fentis mieux le doux plaifir de la vengeance.*

BIRIBI.

Que je vous plains, de penfer ainfi !

ATTILA.

Si je jouis, n'importe comment.

BIRIBI.

Il n'eft donc rien de facré pour vous?

ATTILA, *féverement.*

Africain malheureux, baiffe le front dans la poulliere, & refpecte les volontés de ton Maître.

BIRIBI.

Crier haut, se mettre en colere, ne prou-
vent pas qu'on a raison ; mais en serviteur bas
& rempant. je dois encenser vos vices, & admi-
rer en vous des vertus que vous n'avez pas.

SCENE IV.

ATTILA, BIRIBI, SOPHIE, DROLETTE,
L'ENRHUMÉ.

ATTILA.

Approchez, belle Sophie, soyez sans crainte.

SOPHIE, *pleurante.*

Où suis-je, grands Dieux ! etes-vous voleur
ou corsaire ? Car quel autre aurait pu m'arracher aussi cruellement de ma maison ? Errata !
Errata ! *pourquoi ce funeste voyage ?* Je te l'a-
vais bien dit ; je craignois un malheur.

ATTILA.

Calmez-vous.

SOPHIE, *avec doléance.*

Qui que vous soyez, laissez-moi : & vous mes
très-chères poules, poussins chéris , innocens
agneaux que ma main nourrissait, qu'allez-vous
devenir ?

DROLETTE.

Confolez-vous, Madame ; ici, vous ne manquerez point d'animaux.

SOPHIE.

Où trouverai-je un époux femblable à Errata ! que de douceurs j'ai reçu de fa main ! Ah ! s'il allait me croire infidèle & parjure ! cette idée m'aflaffine. Ne crains rien, cher époux, l'amour a trop bien crayonné ton image dans mon cœur.

BIRIBI, *attendri.*

Vous m'attendriffez , Madame ; modèle de chafteté , vous méritiez un autre fort : fi toutes les femmes vous reffemblaient , les hommes dormiraient un peu mieux.

DROLETTE, *à Biribi.*

Impertinent ! ils ne dorment déjà que trop.

ATTILA, *prenant un air de douceur feinte.*

Trop tendre & trop fidelle Sophie , raffurez-vous : vous voyez devant vous votre Souverain ; il vous veut du bien.

SOPHIE, *étonnée.*

Qu'entends-je ? barbare ! était-ce là le prix.... mais j'oublie.... Drolette, donne-moi un fiège, car je vais me trouver mal.

BIRIBI.

Ah ! Seigneur, elle eft décédée.

ATTILA, en colère.

Un autre, à ma place, pour cette impertinence, *t'aurait déjà assommé;* mais je veux bien me contraindre, quand ce ne seroit que pour faire enrager *celui qui m'a si mal éduqué.* Revenez à la vie belle Normande! Qu'elle est jolie, Biribi!

BIRIBI.

Laissez-là tranquille, Seigneur, car nous ne respirons que quand les femmes ne respirent plus.

ATTILA.

Drolette, conduis-là dans sa chambre, donne-lui du cidre bien doux, & dis-lui que son Empereur attend tout de son obéissance. Pour mieux la cacher aux recherches d'Errata, je veux deformais que son nom de *Sophie* soit changé en celui de *Mimi.* (*Attila la contemple, tandis que Biribi & Drolette se parlent.*)

BIRIBI.

Quoique tu sois ma femme, *n'en disons rien,* & laissons à ceux qui nous voyent, le plaisir de *deviner;* cela, d'ailleurs, se voit assez au peu d'accueil que nous nous faisons.

DROLETTE, *avec un ton approchant du mépris*

Que dire, au fait, à un mari de ta façon? Tu es un homme pour rire, qui n'a d'humain que la figure, heureusement que....

BIRIBI, *bonnement.*

Tais-toi : cultive fi tu veux mon front, mais ne le fais pas rougir ; cache tes péchés, & je te les pardonne.

ATTILA.

Drolette, fais ma volonté fupréme. (*Dro- lette emmene Sophie, à demi-revenue à elle.*

SCENE V.

ATTILA, BIRIBI, L'ENRHUMÉ, ERRATA.

ATTILA.

Cette poulette-là eft bonne à croquer ; auffi je me difpofe..... N'apperçois-je pas Errata ? il vient affez à contre-temps.

ERRATA, *dans le défefpoir.*

Puiffant Empereur de la plaine d'Yvetot, Roi d'un peuple qui efquive fi adroitement le *oui* & le *non*, fi jamais par mes fervices, j'ai mérité que votre œil royal s'abaiffe jufqu'à moi, vengez- moi d'un outrage cruel, d'un attentat affreux.

ATTILA, *fatisfait.*

(*à part.*) *Il fent bien fon infortune : tant mieux.* (*haut.*) Quelle mouche te pique ? as-tu perdu quelque procès ?

E R R A T A, avec chaleur.

Un procès! Ah Dieux! j'ai perdu la moitié de ma vie ; des flibustiers maudits m'ont enlevé ma Sophie, & peu contens de cette cruauté, ils ont ravagé mes citrouilles & mes melons, mes chiens sont égorgés, mes chevaux mutilés, & ma maison brûlée.

ATTILA.

Tout cela n'est rien, & je vais tout réparer.

ERRATA.

Ah ! Seigneur ! il n'est plus de bonheur pour moi.

ATTILA.

Dans ma basse-cour, gît une maison fabriquée en brique, faute de moëllons, je te la donne. A l'égard de ta femme, pour une de perdue cent de retrouvées. Nous avons ici de jolies fileuses de coton, à blanc corset & très-court jupon, je te donnerai à choisir ; ton Roi peut-il être plus compâtissant ?

BIRIBI, *avec gaieté.*

Ma foi, Sire, si vous m'offriez un aussi bon marché de ma Drolette, je vous prendrois au mot.

ERRATA.

Seigneur Attila, si vous sentiez ma blessure profonde....

ATTILA.

Quoi ! *pour une femme enlevée*, faire ainsi des soupirs & des exclamations ! je ne reconnois plus là cette valeur héroïque que tu as montrée dans cent périls divers. A la chasse, je m'en souviens, tu m'as garanti plus d'une fois de la fureur des loups.

ERRATA, *sortant un peu des bornes du respect.*

Un esprit malfaisant sans doute vous inspire, Seigneur; car l'homme le moins humain plaindrait mon sort. Vous n'avez donc jamais senti ce charme inconcevable que procure l'union intime de deux cœurs sensibles & vertueux ? Que je vous plains !

ATTILA.

Je te pardonne ton impertinence , & j'offre même de venger ton injure, *si tu souhaites* que ma maîtresse Mimi, devienne sensible à mes desirs amoureux.

ERRATA.

(*à part.*) Quelle extravagance !

BIRIBI, *levant les épaules en signe de pitié.*

Vous n'y pensez pas, cher Prince ; de tels souhaits font en pure perte. (*à part.*) Il est fou.

ATTILA.

Raisonne-t-on, lorsqu'on est amoureux ?

ERRATA.

En ce cas , écoutez mon souhait. Mimi , qui

que vous foyez, belle & jeune comme l'Amour,
ou vieille & laide comme la Sybile, au cœur
fenfible & tendre, tel que Didon, ou recou-
vert en bronfe comme celui d'un Procureur,
rendez Attila heureux. (*Biribi lui fait figne de
ne point continuer.*) Si pourtant cela eft poffi-
ble, fans compromettre ce que tout le monde
fait.

ATTILA.

L'Enrhumé, digne fils du Berger de ce can-
ton, raffemble l'élite de mes Vaffaux, &
qu'Errata à leur tête, ils le vengent des indi-
gnes raviffeurs de fa Sophie.

L'ENRHUMÉ.

(*bas au Roi.*) Que faites-vous, Seigneur ?

ATTILA.

(*bas à l'Enrhumé.*) Lourd Pâtre, je le ca-
reffe pour mieux l'étouffer. Conduis-le vers les
bords de la Seine ; là, fecondé des tiens,
vous le précipiterez dans ce fleuve.

L'ENRHUMÉ.

Venez, Errata, j'ai, comme mon Roi, du
plaifir à réparer vos malheurs.

ERRATA.

Je vais travailler, grand Prince, à mériter
vos bontés. (*le Roi parle bas à l'Enrhumé.*)
(*à part.*) Je connais Attila depuis long-temps,

je devrais craindre ses bienfaits; *mais un motif puissant*, & que je ne puis dire, m'oblige de fouler à mes pieds la prévoyance & le bon sens.

BIRIBI.

(*à part.*) Je n'ai rien entendu de ce qu'a dit le Roi à l'Enrhumé; *Malgré cela*, je vais tout dire à Errata.

SCENE VI.

ATTILA.

QUAND je réfléchis sur la construction de mon caractère, *je le trouve bien inconcevable*; Errata ne m'a fait que du bien, & je le rends malheureux. J'en suis jaloux, *quelle platitude!* un Roi ne doit porter envie qu'à ses égaux : & sa Sophie, que je n'avais jamais vue, je la fais inhumainement traîner ici, & j'exige de cette infortunée, qu'elle réponde à mes feux impurs. En vérité, je me fais honte à moi-même; *maudit soit le mauvais génie qui me conduit!*

SCENE VII.

ATTILA, L'ENRHUMÉ.

L'ENRHUMÉ.

A peine je fortais d'ici, que mon vieux Père, me faififfant au bras, me dit : Vole chez le Roi, & dis-lui, qu'une troupe de loups viens du côté de la mer, avec l'intention fans doute de livrer la guerre à nos faibles troupeaux ; fupplié, a-t-il ajoûté, ce Monarque fupréme, *de nommer un Chef* aux Chaffeurs, qu'il eft néceffaire d'envoyer contre ces voraces animaux.

ATTILA.

Ton Père aurait pu venir lui-même, m'annoncer ce grand événement ; c'étoit même dans l'ordre.

L'ENRHUMÉ.

Pardonnz, Seigneur ; trop de perfonnages cauffent de l'*embarras*, & fouvent de l'*obfcurité* dans les affaires ; mon récit fidele, vous tiendra lieu de fa préfence.

ATTILA.

Si j'étais plus hardi, j'irais moi-même ; mais je crains trop la morfure, & je te l'avoue, l'Enrhumé, *je fuis lâche comme un calomniateur.*

L'ENRHUMÉ.

Cependant, grand Attila, le moment presse ; ces vilains loups vont se répandre comme un torrent, sur la surface de votre Empire.

ATTITA, *réfléchissant.*

Sois le digne Chef de mes Chasseurs.

L'ENRHUMÉ.

Pensez-y mieux, Seigneur ; Errata ne souffrira pas cette injure : les Cauchois d'ailleurs sont foux de lui, & craignez....

ATTILA, *inquiét.*

Comment diable me tirer de-là ?

L'ENRHUMÉ, *après avoir réfléchi.*

Je tiens votre affaire, ici, comme ailleurs, la canaille encense la superstition ; mettons à profit sa crédulité. Mon Père, vous le savez, est cru devin dans cette Capitale de vos vastes Etats, on croit qu'il va au Sabbat, & qu'il est famillier avec les esprits follets.

ATTILA.

Je sais aussi qu'il dit la bonne aventure, & que les amans le consultent sur le sort malheureux & trop certain qui les attend. Mais qu'a de commun....

L'ENRHUMÉ.

Mon idée peut être *ridicule* ; mais quand on est dans l'embarras, il ne faut pas être difficile *ſur les moyens de s'en tirer.* Si donc vous le trouvez bon, de votre ordre, j'aſſemblerai la jeuneſſe Cauchoiſe ; & mon Père, que nous aurons endoctriné, fera uſage de ſa renommée pour perſuader à cette populace imbécille, que le deſtin veut que je les commande contre les animaux carnaſſiers.

ATTILA.

Ton projet me paraît *bien extravagant ; n'importe*, il y a long-temps que le bon ſens ne fait plus fortune. Suis-moi.

L'ENRHUMÉ.

Ma houlette, Seigneur, vous devra l'éclat dont vous allez la faire briller.

SCENE VIII.

ERRATA, BIRIBI.

(*Ils entrent du côté oppoſé, à la ſortie du Roi & de l'Enrhumé*).

BIRIBI.

ATTILA eſt un coquin ; & un coquin *bien maladroit* ; il fait que je ſuis ton ami, & il a l'imbécillité de me rendre le confident des perſécutions qu'il exerce ſur toi.

ERRATA.

Quels ſont donc ſes nouveaux projets ?

BIRIBI.

BIRIBI.

En deux mots, mon ami, il en veut à ton honneur.

ERRATA, *avec chagrin.*

Cruel ami, tu me défefpère.

BIRIBI.

Point de foupirs, point de larmes, laiffe cela aux vulgaires amans ; il faut agir. L'Enrhumé eft le flibuftier qui t'a enlevé ta Sophie, de l'ordre d'Attila.

ERRATA, *en fureur.*

Les bandits ! Maître barbare & ingrat, tu oublies que tu me dois la vie ! Si j'avais prévu ton infamie, je t'aurais laiffé rouler dans la mer par les flots de la Seine, dont je t'ai bêtement fauvé. Quelque Requin, en te dévorant, aurait vengé la terre de tes cruautés. Ah ! belle Sophie !

BIRIBI.

Le tems paffé n'eft plus ; penfons au préfent, & faifons des projets, bons ou mauvais, pour le futur. Ta Sophie n'eft pas perdue ; elle eft ici couverte de l'égide de la vertu. Penfons aux moyens de la fauver.

ERRATA.

Elle eft dans ce Palais prophane ! Ah ! Dieu ! parles, que faut-il faire ? je fuis prêt à tout entreprendre !

D

ERRATA,

BIRIBI.

Point de colère ; elle ne fait faire que des fottifes ; nous en faifons affez fans cela. Ecoutes bien :
les foffés du Château font à fec ; à minuit , au coin
de la muraille du potager , tu trouveras ce qu'il
faut pour l'efcalader ; defcendu dans le jardin , tu
grimperas fur le toît du preffoir , qui communi-
que à celui de ce pavillon ; arrivé au fommet, tu
t'enfileras dans la cheminée.

ERRATA.

Je ne pourrai jamais….

BIRIBI.

Des cordes faciliteront ta defcente : à l'aide de
cordes & de machines , mon ami, *on eft fouvent
defcendu bien bas.* Voici le Roi & l'Enrhumé ;
retirons-nous. Je vais t'expliquer le refte.

SCENE IX.

ATTILA, L'ENRHUMÉ.

ATTILA.

Fais-moi le récit de cette grave affemblée.

L'ENRHUME.

Mon vieux Père, dont la blanche chevelure en
impofe aux mentons follets , fe fit exaucer fur un

tabouret, au beau milieu de la cohue. Là, après avoir élevé les mains & les yeux vers le Ciel, & fait les fimagrées qu'on fait au Sabbat, il a expofé très-briévement le danger où fe trouve la gente Moutonnière : il exhiba enfuite vos ordres pour le choix d'un Chef.

ATTILA.

Qu'ont dit ces Béats ?

L'ENRHUMÉ.

Ecoutez la fuite, Seigneur. Mon Père, qui n'eft pas gauche, a dit d'un ton d'infpiré : « Brave jeuneffe, pour vous donner un Chef digne de vous, le grand Attila veut que le Ciel en faffe choix. Mon art m'apprend que cet enfant, dont l'ame eft pure comme l'air, eft celui que les Dieux ont choifi pour être l'Oracle de leurs facrés décrets. Jurez d'obéir à celui qu'il aura nommé » ; On jure plutôt deux fois qu'une. O regrets tardifs & fuperflus ! le croiriez-vous, Seigneur ? le petit coquin, malgré fa leçon, au lieu de me nommer, *a prononcé le nom d'Errata.*

ATTILA, *chagrin.*

Enfant maudit ! Qu'as-tu donc fait ?

L'ENRHUMÉ.

J'ai bourré le petit fripon ; mais cela n'a fait que rendre mon rival plus cher à l'affemblée. Mon Père *a voulu raccommoder l'erreur, mais inutilement :* le nom d'Errata a volé de bouche en bouche ; je crois l'entendre encore. Voila, ô mon Roi! le beau récit que j'avais à vous faire.

ATTILA.

Tu pouvais le rendre plus court.

L'ENRHUMÉ.

Ma foi, Seigneur, vous & moi, avons été bien mal avisés, de remettre mon fort entre les mains d'un enfant.

ATTILA.

J'en tombe d'accord ; j'avais pourtant fous les yeux *l'exemple d'une pareille fottife* ; elle aurait dûe me mettre en garde.

L'ENRHUMÉ.

Je vais donc triftement retourner à mes moutons. Le voilà, mon trop heureux rival

---

SCENE X.

ATTILA, L'ENRHUMÉ, ERRATA, BIRIBI,

ATTILA, *avec hauteur à Errata.*

JE pourrais, d'un feul mot, changer le choix de ce peuple imbécille : j'en ai le pouvoir, j'en ai le droit ; mais *j'ai des raifons pour l'approuver.*

ERRATA.

Je n'ai point, Seigneur, recherché cette infigne faveur ; eſt-ce ma faute à moi, ſi l'on m'aime ?

ATTILA, *chagrin*

On t'aime, on t'aime, dis-tu ? (*à part.*) J'en-
rage.

ERRATA.

Ne m'enviez pas ce bonheur, c'eſt le ſeul qui
me reſte.

L'ENRHUMÉ, *à Errata.*

Je ne te pardonnerai jamais de m'avoir ſup-
planté.

ERRATA, *en colère.*

A moi Pâtre mercénaire, deux mots.

L'ENRHUMÉ.

Parles, j'écoute.

ERRATA.

Me connais-tu bien ?

L'ENRHUMÉ.

Sans doute.

ERRATA.

Sais-tu, gardeur de moutons, que ce bras ner-
veux peut, d'un ſeul coup, t'étendre ſur la pouſ-
ſiere ? Le ſais-tu ?

L'ENRHUMÉ, *un peu intimidé.*

Oui & non.

ERRATA.

Viens, miſérable, viens ſous le premier pom-
mier du voiſinage, & je t'en convaincrai mieux.

54   *E R R A T A*,

L'ENRHUMÉ, *avec une feinte assurance.*

Mon ami, tu es un peu hargneux ; à coups de poings tu ne t'es jamais battu : crains ta défaite.

E R R A T A, *avec élévation.*

Plus tu seras brave, & plus mon triomphe sera beau. Les égrillards comme moi ne tournent pas autour du pot ; & pour leur début, ils étranglent les marauds, traîtres & jaloux comme toi. (*il tient l'Enrhumé au collet & le secoue vivement.*)

B I R I B I, *au Roi.*

A quoi pensez-vous donc, Seigneur ? Etes-vous sourd, ou dormez-vous ? Comment ! *vous souffrez que, sans respect pour Votre Majesté ?...*

A T T I L A.

Tu m'y fais penser. *Où diable avais-je donc l'esprit ?* Messieurs les quinteux, vous en avez déja trop dit, supprimez vos gestes, & baissez de ton. Vous me prendriez pour un sot, si je gardais plus long-tems le silence.

B I R I B I.

Ton Père, le Devin, est une vraie souche d'avoir pris cette tournure.

L'ENRHUMÉ.

Il la regardait pourtant *comme un trait de politique profonde.*

A T T I L A.

Tiens, Errata, prends cette pique de la main de ton Roi, & va vaincre.

ERRATA, *respectueusement.*

Puissai-je, Seigneur, purger la terre de tous les êtres impurs & malfaisans! (*le Roi sort.*) (*à l'Enrhumé.*) Berger insolent, ce soir, derriere le parc, je t'attends. (*à part.*) Que d'ouvrages pour une soirée! (*l'Enrhumé sort en menaçant Errata du geste.*)

BIRIBI.

Voila de la besogne, mon ami: tant mieux; on ne fait parler de soi, que par des faits *au-dessus de l'humaine nature.*

Fin du premier Acte.

D iv

ACTE II.

SCENE PREMIERE.

ATTILA, BIRIBI.

ATTILA.

Je t'avais demandé, pour égayer Mimi, une fête dans mon jardin, pour demain : *je la veux sur l'heure.*

BIRIBI.

Me prenez-vous pour une Fée ? Ces choses-là ne s'arrangent point ainsi. Mes violons sont dispersés.

ATTILA.

Je n'entre point dans de pareilles objections ; prépare la fête, *& qu'elle soit dans le goût Turc.*

BIRIBI.

(*à part.*) Quel contre-tems pour le pauvre Errata ! (*haut.*) Mais, Sire, les nuits sont plus froides ici qu'en Asie, & Mimi pourrait bien prendre le serein : & puis j'ose vous l'avouer, Prince, je ne puis vous satisfaire pour le divertissement à la Turque.

ATTILA.

La raison ?

BIRIBI.

Il me faudrait pour cela des Sultanes, des Odalis, des Vifirs, des Muets ; d'ailleurs ces fetes-là ne font pas de mode ici.

ATTILA.

Mal-à-droit! tu n'as donc jamais vu l'Opéra? on tranfporte quelquefois au fond de l'Afie, *les mœurs & les ufages de mon Empire* ; quoique dans ce pays-là, on ignore fi nous exiftons.

BIRIBI.

Ma foi, vous m'ôtez l'envie de voir ce fpec-tacle là. J'aime à rire, mais *je n'aime point les invraifemblances.*

ATTILA.

Génie étroit & fans reffources, il faut donc que ton Maître fe prive de fon jardin, & qu'il fe contente d'un divertiffement Gaulois?

BIRIBI.

Cela doit vous fuffire, cher Prince ; car quel-qu'un a dit affez leftement, je ne fais trop dans quel pays ni dans quel tems, *qu'ici, tout va bien pourvu qu'on danfe.*

ATTILA.

As-tu des nouvelles d'Errata ?

BIRIBI.

Oui, Seigneur. Votre œil perçant a dû prévoir que le choc de tantôt, entre lui & l'Enrhumé, au-rait des fuites. Je vais, fi vous le trouvez bon,

vous donner le détail du combat sanglant qu'ils se sont
livrés: je n'y étais pas, mais je le tiens de bonne main.

ATTILA.

Point de mots inutiles ; un tel récit doit se
faire vivement, comme l'action qu'il décrit.

BIRIBI.

Derriere le parc de votre Palais, sous ce plant
de pommiers qui cache tout l'été la terre au so-
leil, c'est-là où Errata a traîné bravement son
adversaire. L'Enrhumé avoit l'air d'un poltron, &
sembloit se préparer à demander grace ; mais la
vue des spectateurs piqua son orgueil & ranima
son courage : il porta même le premier coup à Errata ; qui l'évita adroitement en se courbant
à propos ; mais en se relevant, il lui déchar-
gea un si vigoureux coup dans la poitrine, que les
échos d'alentour en soupirèrent.

ATTILA, *chagrin.*

Tu me fais trembler !

BIRIBI.

L'Enrhumé chancela ; enragé de son désavanta-
ge, il fond comme un furieux sur son ennemi.
Celui-ci, lui dit tranquillement : *Un lutteur en
colere est mort ;* & avec la rapidité d'un trait, il
lui applique sur la nuque & sur le crâne, une si
grande gréle de coups, qu'il tomba mort.

ATTILA, *avec humeur.*

Ce maudit Errata brille par-tout ; mais je la lui
garde bonne.

BIRIBI.

Le vainqueur regarda le cadavre avec dédain,
& disparut. A propos, Seigneur, (pardonnez ma
curiosité), on ne parle plus *de cette fameuse chasse*
aux loups, qui vous a donné tant d'inquiétude.

ATTILA.

Que t'importe ? Tu prends trop de soin. Dans
ce monde, il arrive des événemens au-deſſus de
la portée des eſprits vulgaires. *Reſpecte ce que*
tu ne comprends pas ; tu chercherais vainement
à le pénétrer par la lumière de ta raiſon.

BIRIBI.

J'impoſe donc ſilence à ma curioſité. Ah ! voici la dolente Mimi.

SCENE II.

ATTILA, BIRIBI, SOPHIE, DROLETTE.

ATTILA, *affectueuſement.*

Ornement du pays de Caux , venez jouir de
la petite fête que j'ai ordonné pour vous. Puiſſe-t-
elle vous donner la gaieté ; & ſur-tout, vous rendre ſenſible à l'amour de votre Roi.

SOPHIE, *triſtement.*

Les plaiſirs ne feront qu'aigrir mes douleurs.

ATTILA.

Mon deſſein était de vous offrir un divertiſſe-
ment Aſiatique ; mais le bavard de Biribi, qui ſait

tout, & n'eſt bon à rien, me réduit à ne vous donner qu'une ſête *Européane.*

B I R I B I.

Européane ! ah ! Prince ; j'aimerais autant dire
Egyptiane.

A T T I L A, *ſévèrement.*

Paix. Oublie-tu que je ſuis ton Maître ? ordonne qu'on danſe.

B I R I B I.

(*à part.*) Bonne manière d'avoir raiſon. (*Il
fait ſigne aux Danſeurs de paroître. On danſe
l'air de la Romance de Figaro*).

J'ai bien dans ma poche des chanſons dont je
pourrais vous régaler ; mais comme elles ſont
un peu *grivoiſes*, je craindrais d'allarmer la pu-
deur de la belle Mimi ; ce ſont d'ailleurs *des
idées communes & rebattues.*

A T T I L A.

Quoi ! toutes ?

B I R I B I.

Excepté cependant un couplet, où l'Auteur
fait dire à un payſan, qu'il n'aime *que la pâture
& le foin.* C'eſt du neuf, cela.

A T T I L A.

Oui : & ce ſera pour long-tems, en vérité; ſi
les ânes parlaient, ce ſerait là leur langage. (*On
danſe l'air de Tarare : Je ſuis né natif, &c.*

SOPHIE.

Errata, modèle des époux, où êtes-vous? Venez m'arracher des mains d'Attila, le fléau des femmes & des maris.

ATTILA.

(*à part.*) Elle m'ennuie avec ses lamentations. (*à Biribi.*) Je suis assez content de tes danses, quoique ton dernier air ait un caractère *de guinguette très-marqué.* Depuis long-tems tu me promets le récit de tes aventures : si tu étais Musicien, tu me les chanterais.

BIRIBI.

Je craindrais, Seigneur, de vous ennuyer. Les misères de ma vie ne sont pas fort intéressantes: d'ailleurs, pour bien me comprendre, il faut être géographe, *musicien*, entendre *un peu l'Italien*, & avoir les oreilles exercées *à la plaisanterie licencieuse.*

ATTILA.

Vas toujours ton train.

BIRIBI.

Je suis *né natif* de Congo.

ATTILA, *en colère.*

Arrête, ignorant; tu débutes par un pléonasme; je suis *né natif!* tu mériterais que je te fasse enchaîner *au pied de ton châlit.*

BIRIBI, *avec un sourire malin.*

Je vous tiens, à votre tour, illustre Attila!

châlit! je n'en reviens pas! *châlit!* ce n'eſt ſûre-
mens pas là une expreſſion de bonne compagnie.
Je ne l'ai jamais entendu que dans la bouche des
poiſſardes.

ATTILA.

Tu m'inpatiente avec tes plates critiques ; laiſſe-
là ta miſérable hiſtoire.

BIRIBI.

J'obéis, Prince. Mais, Seigneur, vous demeu-
rez bien froid auprès de votre Maîtreſſe ; le beau
ſexe aime qu'on le ſerre de près ; conſolez donc
votre amante déſolée : après la pluye le beau
tems, & après les pleurs, la joie & le plaiſir.

ATTILA.

Je ne ſais point ſoupirer.

BIRIBI.

En ce cas, vous ne connaiſſez ni l'amour, ni ſes
douceurs.

DROLETTE, *avec humeur.*

Il te ſied bien de parler amour, peux-tu penſer
que les femmes ſe contentent de ſoupirs ; non, je
t'en préviens, afin que tu n'en puiſſe prétendre
cauſe d'ignorance.

BIRIBI.

Je ne ſuis que trop inſtruit, ma bonne petite
femme ; mais j'aime la paix du ménage.

SOPHIE, *en ſoupirant.*

Telle que la tourterelle qui a perdu ſa compagne: je n'ai plus qu'à mourir. Errata, mon cher Errata !

(*On voit Errata descendre par la cheminée.*)
ATTILA, *en fureur.*

Errata ! quel nom prononcez-vous ? (*à part.*) Ma foi, *je prends ce prétexte, bon ou mauvais,* pour m'éloigner d'ici, où je commence à bâiller.

(*il sort avec Sophie & Drolette.*)

<hr>

SCENE III.

ERRATA, (*dans le désordre & mouillé*)
BIRIBI.

B I R I B I.

COMME te voilà fait, mon ami ! tu ressembles au diable. C'est de la vase, je crois.
ERRATA.

Si je n'avais su plonger, j'étais frit. J'ai assommé, je pense, l'Enrhumé, & j'ai fort bien fait; car le lâche avait fait le projet de me faire donner une terrible rincée. Cinq à six Flandrins m'avaient entouré, dans le dessein de s'emparer de moi; mais j'ai esquivé le piége; & pour me soustraire à leurs poursuites, je me suis jetté dans un grand fossé plein d'eau bourbeuse,

& fourmillant de crapauds. J'étais là fort mal à l'aise ; cependant, à force de me débattre & de barbotter ; je m'en suis tiré, & me voilà comme tu me vois.

BIRIBI.

Tu es un beau garçon.

ERRATA, *d'un air irrité.*

Je suis bien en colère, mon ami, contre l'indigne Attila ; tout ce qui m'arrive est de son fait. Si je le tenais, je l'assommerais.

BIRIBI.

Ne crie donc pas si haut, il vient de se retirer.

ERRATA, *criant plus haut.*

Le cruel ! le barbare ! Tu le vois comme il m'a rendu malheureux.

BIRIBI, *avec l'air de la crainte.*

Errata, mon ami, tu nous exposes à sa brutalité ; je tremble qu'il ne t'aie entendu. Dieu, s'il venait ! Pour nous en tirer, je vais t'empaqueter la tête dans ma cravate noire, & je te ferai passer pour un Africain de ma connaissance (*Il lui couvre le visage de sa cravate.*) Le voici ; jettetoi à plat-ventre.

SCENE IV.

SCENE IV.

ERRATA, BIRIBI, ATTILA.

ATTILA, *en colère.*

QUEL vacarme horrible fait-on ici, Biribi ? Parle, ou je t'extermine.

BIRIBI, *embarraffé.*

C'eft... c'eft ce pauvre diable de Nègre qui tombe du haut-mal.

ATTILA.

La rage m'étouffe. Croirais-tu que cette mor-veufe de Cauchoife a repouffé mes careffes & mes embraffemens ; qu'elle m'a traité de farouche, tandis que c'eft elle qui eft une vraie fauvage ? Conçois-tu ma confufion ? Un Roi trouver des cruelles ! Cela n'eft jamais arrivé qu'au Roi d'Yvetot.

ERRATA.

(*à part.*) Dieu des maris ! tu m'as donc pro-tégé ?

BIRIBI.

L'Amour eft accoûtumé au commandement, & il n'aime pas qu'on lui faffe la loi.

ATTILA.

Biribi, ce Nègre me donne une bonne idée.

E

　　　　E R R A T A,

B I R I B I.

(*à part.*) Ce ferait bien la première qu'il au‑
rait eue. (*haut.*) Quelle eft‑elle, Seigneur ?

A T T I L A.

Un Nègre eft un animal pour nous, puifque
nous le vendons.

B I R I B I, *avec indignation.*

(*à part.*) Le monftre !

A T T I L A.

Je veux lui couper proprement la tête, & tu
la porteras à la petite Mimi, en lui difant que
c'eft celle de fon mari. *Elle s'y méprendra.*

B I R I B I, *ironiquement.*

Certainement, la différence d'une tête à l'autre
ne fera que du blanc au noir, & la nuance eft
trop faible pour qu'on s'en apperçoive.

A T T I L A.

(*à part.*) Je déraifonne. (*haut.*) Je réflé‑
chis, Biribi. Les femmes font très‑fenfibles au
mépris ; fi j'employais ce moyen.... Oui, il
fera fon effet.

B I R I B I.

Je n'en voudrais pas jurer.

A T T I L A.

Je veux que tu conduifes cet Africain à Mimi,
& que tu lui ordonnes, en mon nom, de parta‑
ger avec lui fon lit.

BIRIBI, *étonné.*

Mais, Seigneur.....

ATTILA.

Mon intention eſt qu'on la voie couchée avec lui dans le Donjon.

BIRIBI.

Le tableau ſera intéreſſant. Je dois vous obſerver *que cette noble idée* eſt contre les règles de la bienſéance. Jamais dans le pays de Caux....

ATTILA.

Que ma volonté ſoit faite. A propos, quelle heure eſt-il ? le ſommeil me tourmente.

BIRIBI.

Je ſerais fort embarraſſé de vous le dire ; depuis que *votre Horloger* s'amuſe à faire *des Comédies & des Opéras*, toutes vos pendules ſont à l'abandon, & aucune ne va.

ATTILA, *avec ſévérité.*

Comment, ce fat-là, malgré mes défenſes, s'aviſe encore d'écrire ? Dis-lui que s'il n'obéit, *je le ferai renfermer aux Petites-Maiſons.*

BIRIBI.

Son dernier Opéra fait beaucoup de bruit.

ATTILA.

S'il n'eſt pas plus juſte dans ſon travail méchanique, que dans la conſtruction de ſes vers, c'eſt le plus mauvais des Horlogers : mais briſons là-deſſus. J'ai beſoin de repos, & je me retire.

SCENE V.

ERRATA, BIRIBI,
BIRIBI.

Aᴍɪ, le bon vent eſt pour nous.

ERRATA.

Je reſpire. Quel miracle ! ma femme eſt fidelle.

BIRIBI.

Ne crie pas ſi haut victoire. Telle qui refuſe un Roi, raffole du plus ſimple Villageois. L'Amour dédaigne le faſte & les grandeurs ; il eſt plus à ſon aiſe ſur un lit de gazon, que ſous un dais royal.

ERRATA.

Qu'il tarde à mon impatience de la voir, ma petite moutonnette, mon cher tendron ! Mais, mon ami, j'ai grand beſoin de me reſtaurer l'eſto-mac, & le cidre....

BIRIBI.

Viens avec moi, je vais te faire donner un bon bouillon. Pour ſe préſenter à ſa femme, il faut être en état de graces (*ils ſortent.*)

SCENE VII.

SOPHIE, DROLETTE.

SOPHIE, *tristement.*

TU devrais bien, Drolette, m'aider à me sau-
ver d'ici.

DROLETTE.

Je ne le puis ; ce seroit trahir celui qui me paie,
me couche, m'éclaire, me nourrit & me blanchit.

SOPHIE, *du ton du désespoir.*

Je vais m'étrangler. L'indigne ! vouloir user de
force !

DROLETTE, *finement.*

O pour cela je l'en défie : je m'y connais un
peu. La vertu d'une femme n'a jamais rien à
craindre, quand ; pour la lui ravir, on emploie
bêtement la violence.

SOPHIE.

Infortuné Errata ! qu'a-t-on fait de toi ? Il me
paraît bien étonnant que ton Biribi, étant le
Confident d'Attila, ne me dise rien du sort de
mon époux. C'est *un nigaud* ou *un méchant*.

DROLETTE.

Pardonnez-lui, Madame : ici, tout va de travers, & cela est dans l'ordre. *Les valets tien-*
nent toujours du Maître. Mais, que veut mon
cher époux ?   E iij

SCENE VII.

SOPHIE, DROLETTE, BIRIBI, BIRIBI.

EPOUSE d'Errata, je l'avais bien prévu ; vous avez trop fait la renchérie. Mon Maître en a pris beaucoup d'humeur ; & pour se venger d'une manière *neuve & noble*, il vous ordonne de recevoir poliment *un joli garçon* que je vais vous montrer, & de le traiter comme votre propre époux. Regardez-moi bien ; c'est mon vrai portrait, & pour la couleur, & pour les graces.

SOPHIE, *avec une surprise douloureuse.*

Un Negre ! grand Dieu ! Je frissonne. Mon mari ne ferait-il plus de ce monde ?

BIRIBI.

Pardonnez : mais on veut amener ici la mode *de la pluralité des maris.*

DROLETTE, *en raillant.*

S'ils te ressemblaient, cette coutume-là ne nous avancerait guère.

BIRIBI.

Vous, raisonneuse, qui osez apprécier la nature de l'homme, j'ai ordre de vous chasser d'ici.

DROLETTE, *avec le sourire du mépris.*

Nous méprisons les ordres qui passent par la bouche de nos maris, d'où il ne doit sortir que des paroles de paix & de soumission.

BIRIBI, *piqué.*

A d'autres, la belle. Quoique je ne sois qu'un avorton, vous savez si j'ai pris cette belle maxime pour morale ; & souvent un bon bâton.....

DROLETTE.

C'en est assez, vous pouvez supprimer le reste.

SOPHIE, *tristement.*

Cruelle Drolette ! tu plaisantes, tandis que je suis prête à mourir. Hélas ! les malheureux inspirent rarement l'intérêt & la pitié.

DROLETTE, *légérement.*

Vous n'êtes pas si malheureuse. On donne un Substitut à votre mari, & un Nègre encore ! Combien de femmes voudraient être infortunées comme vous !

BIRIBI.

Je cours chercher mon Adonis. (*à part.*) En vérité, je devrais bien lui dire *que le Nègre est son Errata.* Pour réparer ma sottise, je vais revenir avec main-forte pour les tirer d'ici.....

SCENE VIII.

SOPHIE, DROLETTE,

SOPHIE, sans voir Drolette.

AFFREUSE destinée ! (*avec étonnement, en appercevant Drolette.*) Je te croyais sortie ; Attila *te l'avait fait ordonner,* ce me semble.

DROLETTE.

Vous avez raison ; mais ici, tout n'est pas de rigueur. Souvent quand on dit *oui,* cela veut dire *non.* Tous ces grands coups de pied au bon sens, me donnent espoir que l'aventure finira bien pour vous.

SOPHIE, *d'un ton caressant.*

Ma chère Drolette, si tu m'aimes, sauve-moi de l'approche du Nègre ; sa couleur & son regard farouche, me font trembler d'avance. Tu es familière avec ces animaux-là ; *prends ma place* avec cette cape, & joue mon rôle.

DROLETTE, *d'un ton d'admiration.*

O le phénix des femmes ! ô modèle d'Amour ! ô modèle de fidélité ! Comment, vous vous sauvez d'un homme de la côte d'Afrique, pour vous en tenir au trop heureux Errata ? C'est préférer un écu de six livres à un louis d'or. *Je prends volontiers votre place,* & j'espere bien profiter de votre peu d'expérience. Ce ne sera pas la première fois que la Soubrette sera prise pour la Maîtresse.

SOPHIE.

Prononces souvent le beau nom d'Errata , *il te garantira.*

DROLETTE, *avec une gaieté fine.*

De quoi, s'il vous plaît ? Les Soubrettes sont bonnes pour la guerre , elles connaissent l'attaque & la défense. (*Sophie sort.*)

SCENE IX.

DROLETTE, ERRATA.

DROLETTE.

IL est assez bien tourné. (*Il salue Drolette.*) Figure d'encre de la Chine , je suis contente de votre politesse. Regardez mes appas ; mais de loin , car vous les souilleriez. Vous concevez qu'ayant rejeté les vœux d'un Roi , je ne puis décemment me livrer à un animal de votre espèce.

ERRATA, *avec surprise.*

Dieux ! ce n'est pas ma Sophie. Tu m'as trahi Biribi.

DROLETTE.

Comment , il parle français ! Je connais plus

d'un Blanc qui le parlent auſſi , mais qui lui font de terribles bleſſures : témoin *l'Horloger du coin.* Je vous le répete , tête de barbet , je ne puis vous donner mes bonnes graces ; Errata à mon cœur.

E R R A T A.

Errata ! Quelle groſſière impoſture ! Pourquoi me tromper ?

D R O L E T T E , *le regardant.*

Réflexion faite , je vous trouve vraiment charmant. Ma foi , je crois que vous avez ébréché mon cœur. Approchez ; je me donne à vous ſans réſerve ; *vous ſerez Errata pour moi.*

E R R A T A.

(*à part.*) Que l'Enfer te confonde ! (*haut.*) Plaignez-moi , Madame ; je ſuis bien malheureux ! C'eſt toi, Biribi , qui m'as conduit dans ce piège , dans *cet abîme profond.*

D R O L E T T E , *d'un ton malin.*

Pas ſi profond. Mais, voilà le Roi : je me ſauve auprès de Mimi.

SCENE X.

ATTILA, ERRATA, *un Valet du Roi.*

ATTILA, *furieux, arrachant le voile qui couvre la tête d'Errata.*

TROP hardi Sujet, cette fois-ci tu ne m'échapperas pas ; j'en jure par la grandeur de mon Empire, quoique maudit pour la vigne & le vin.

ERRATA, *sans s'émouvoir.*

Frappe ; cela t'est facile ; tu as la force en main. (*à part.*) Je crois, sauf meilleur avis, qu'il ne faut pas faire ici trop le fanfaron. (*haut.*) Ce qui, dans mon malheur, me console, c'est que, par toi, je ne serai pas mis au rang de tant de pauvres maris : *ta Mimi n'est pas du tout ma Sophie.*

ATTILA.

Tu mens. Qu'on m'amène Mimi. Si tu m'en imposes, je la soufflette devant toi.

ERRATA.

Le blâme en tombera sur toi. On est bien méprisable, quand, le plus fort, on a la lâcheté d'opprimer le plus faible.

ATTILA.

Tu repliques, je crois : c'est être coupable que d'avoir raison avec moi.

ERRATA, *avec le plus grand mépris.*

Homme ridicule & incenfé ! A qui donc dois-tu l'exiftence & la vie ? Si le fils reffemble au père, *le père était bien méprifable.*

ATTILA.

Des propos, Chaffeur obfcur ! Bientôt tu en recevras le prix.

SCENE XI.

ATTILA, ERRATA, SOPHIE, DROLETTE, *un Valet du Roi.*

ATTILA, *à Sophie.*

Vous m'avez donc joué, femelle imprudente ?

DROLETTE, *interdite.*

C'était moi, Seigneur, qui.....

ATTILA, *avec furprife.*

Comment, Servante infidelle ! tu as ofé abufer ton Maître ! A qui donc fe fier ?

DROLETTE.

Jamais, Monfeigneur, à ceux-là qui mangent votre foupe & votre pain. Rarement on aime ceux qui commandent ; on leur fait fouvent payer bien cher la liberté qu'on leur vend.

ATTILA.

Je vais me venger, enfin; il y a long-tems que j'aurais dû le faire.

SOPHIE *à Errata, qu'elle n'a point encore vu en face.*

Etranger malheureux, je suis la cause innocente de l'orage qui se forme sur votre tête. Pardonnez.....

ERRATA, *avec une surprise agréable.*

Qu'ai-je entendu ? C'est toi, mon cher cœur, ma douce amie ?

SOPHIE, *ôtant son voile.*

Mon Errata ! Jette-toi dans mes bras. Qui t'aurait cru ici ?

ERRATA.

Si Biribi l'avoit voulu, il y aurait long-tems que je te tiendrais comme je te tiens-là.

ATTILA.

Ah ! vous croyez me narguer impunément, amants langoureux ; mais je vais vous désabuser. Je me sens *altéré de vos douleurs, & j'ai une soif terrible de vous voir pleurer.*

DROLETTE, *avec malice.*

Seigneur, *vous êtes altéré ? vous avez soif ?* Qu'on apporte au Roi plein sa coupe royale de cidre d'Isigny.

ATTILA, *au Valet.*

Qu'on les charge de fers. (*on les enchaîne.*)
Bon. Qu'on les fépare.

SOPHIE, *défefpérée.*

Celui qui fera affez imprudent pour m'appro-
cher, avec ces cifeaux, je lui ferai la plus fan-
glante égratignure. Pour fauver ce qu'on aime,
on s'expofe, s'il le faut, à la mort. Je ne crains
perfonne. (*à Errata.*) Quand on fe venge, &
qu'on eft brave, on n'a pas befoin d'emprunter,
comme toi, un autre bras.

ERRATA.

Chère & tendre Sophie, tu es plus coura-
geufe que moi.

ATTILA, *févérement.*

Ecoute ton arrêt, Errata : je te défends de
jamais plaider. Pour un normand c'eft un cruel
fupplice. *La chicane & la calomnie auront beau
s'agiter pour te perdre*, il t'eft interdit de te
défendre.

ERRATA, *avec fermeté.*

Ma vie honnête & fans reproche plaidera pour
moi. Ce font les méchants qui ont jeté *le trou-
ble & le défordre* dans les familles, *corrompu*
des hommes faibles & crédules pour les perdre
après, *arraché* une femme des bras d'un époux
tendre & refpectable. . . . .

ATTILA, *étonné.*

Que dis-tu là ?

ERRATA, *avec chaleur.*

Ce font ceux-là, dis-je, qui ont befoin de fe défendre contre les infortunés qu'ils ont ruinés & déshonorés. *Ils feraient accablés*, fi, par de nouvelles intrigues & par des impoftures, ils n'échappaient à la rigueur des loix.

ATTILA, *on entend du bruit.*

Quel eft ce tapage? On caffe mes vîtres, on force mes portes.

SCENE XII.

ATTILA, ERRATA, SOPHIE, BIRIBI, DROLETTE, *Cauchois armés de bâtons.*

BIRIBI, *armé d'un bâton.*

AMIS, fauvons Errata, ce brave chaffeur, l'ornement du pays de Caux. (*au Roi*). Si tu ne leur rends la liberté, nous allons bouleverfer ton chétif Palais.

ATTILA, *avec indignation.*

Traître ! Eſt-ce ainſi qu'un Eſclave parle à ſon Maître ?

BIRIBI.

Tu ne l'es plus. Tu as outragé l'amitié, la nature, ingrat !

ERRATA.

Arrêtez, mes amis, votre zèle va trop loin. Nous devons tous *honneur & reſpeɛ̃ à Attila.* Mettez bas ces gros vilains bâtons.

ATTILA, *avec le plus grand dépit.*

Je crève de colère, & j'aurais grand envie de l'aſſouvir ſur moi-même avec un bon couteau.

DROLETTE, *ſe jettant ſur les mains du Roi.*

Arrêtez, Seigneur, je n'aime pas la Tragédie. La vie de ce monde eſt une Comédie entre-mêlée, à la vérité, de ſcènes triſtes & larmoyantes ; néanmoins c'eſt toujours une Comédie. Finiſ-ſons-là donc le plus gaiement que nous pourrons.

BIRIBI.

Tu parles fort bien, Drolette, pour une femme.

ERRATA.

Seigneur, faites grace à ces Mutins.

ATTILA.

Je ne ſuis pas *coutumier du fait.* Cependant je leur pardonne. Ma foi j'allais faire là *un fort*

vilain

vilain dénouement. Je te remercie, Drolette, de ta bonne réflexion. Je ne fuis plus étonné fi Molière confultait fa fervante. Je vais, fi je puis, réparer *mes erreurs & mes fottifes.*

ERRATA.

Pour me rappéller votre repentir, & l'h u-reufe fin de cette aventure, je veux garder fers, & *m'en faire une ceinture.*

BIRIBI, *riant.*

L'idée eft burlefque. Mon ami, jette bas ce vilain ornement, on te prendrait pour un galérien.

ATTILA, *à Errata.*

Vis heureux avec ta Sophie. Refte ici, ou va planter des choux; choifis. Toi, Biribi, je te pardonne ta trahifon en faveur de ta bravoure. Comment diable, un eunuque montrer un pareil courage ! *C'eft un eunuque fait exprès.* Dans le cas cependant où il me refterait un peu de rancune, je laiffe à Drolette le foin de ma vengeance.

DROLETTE.

Comptez fur mon zèle à vous fervir, Seigneur.

ATTILA, *avec nobleffe.*

Je conclus de tout ce qui vient de fe paffer, *qu'il eft des Dieux fuprémes, & que l'homme n'eft grand que par fes vertus.*

F

B I R I B I, *avec un fouris moqueur.*
(*à part*). Belle conclufion ! Qui ne fait
pas cela ? En vérité Sa Majefté Normande nous
prend tous *pour des Brides - Oifons.* Mais,
FINIS CORONAT OPUS.

Fin du deuxième & dernier Acte.

Lu & approuvé pour l'impreffion, le 4 Oct. 1787.

Signé, SUARD.

Vu l'Approbation. Permis d'imprimer, à
Paris, ce 5 Octobre 1787. DE CROSNE.

De l'Imprimérie de GRANGÉ, r. de la Parcheminerie.

www.ingramcontent.com/pod-product-compliance
Ingram Content Group UK Ltd.
Pitfield, Milton Keynes, MK11 3LW, UK
UKHW020024100726
13658UKWH00003B/1090